Relatos de 3 minutos

publications international, ltd.

sesameworkshop™

La organización educativa sin fines de lucro
detrás de Plaza Sésamo y mucho más
www.sesameworkshop.org

Portada ilustrada por Vera Juchelkova
Ilustraciones interiores: Bob Berry, Tom Brannon,
DiCicco Studios, Joe Ewers y Maggie Swanson
Traducción: Mercedes Posada/Arlette de Alba

Publicado por Louis Weber, C.E.O.
Publications International, Ltd.
7373 North Cicero Avenue
Lincolnwood, Illinois 60712

Ground Floor, 59 Gloucester Place, London W1U 8JJ

Servicio a clientes: customer_service@pubint.com

www.pilbooks.com

Nunca se otorga autorización para propósitos comerciales.

Fabricado en China.

8 7 6 5 4 3 2 1

ISBN-13: 978-1-4127-9548-7
ISBN-10: 1-4127-9548-6

CONTENIDO

Elmo y Óscar 4

Archibaldo, el hombre orquesta (Primera parte) 12

La aventura espacial de Enrique 20

Zoológico nocturno 28

Big Bird y los sombreros 36

¿Quién jugará con Archibaldo? 42

La caja de música de Elmo 50

Galletas para todos.................................. 58

El secretito de Zoe 66

Bajo la cama 74

La fantástica banda de Elmo 82

Invierno en primavera 90

Un día maravilloso 96

Archibaldo, el hombre orquesta (Segunda parte) 104

El cumpleaños de Abelardo 112

Una canción pegajosa 120

Di buenas noches, Enrique 128

Embrollo de burbujas 136

La moneda de Zoe 144

¿Qué ves, Elmo? 152

Elmo y Óscar

Escrito por Gayla Amaral
Ilustrado por DiCicco Studios

Era un espléndido día para jugar en Plaza Sésamo, pero Elmo no podía encontrar ningún compañero de juego.

"¿Quién jugará con Elmo?", dijo el pequeño monstruo peludo. "¡Quizá Óscar!"

¡Clan! ¡Clan!

Elmo golpeó el bote de basura de Óscar.

"Por favor, por favor sal a jugar", le rogó el pequeño monstruo peludo.

Óscar asomó su malhumorada cabeza fuera del bote de basura y preguntó: "¿Me hablas a mí? ¡Bien, no quiero jugar! ¡Largo de aquí!"

Elmo no se sorprendió, porque Óscar casi siempre era algo gruñón, pero el monstruito no se daría por vencido.

"Tal vez si Elmo le prepara una malteada de anchoas, Óscar no estará tan gruñón", pensó Elmo. "Quizá después quiera jugar."

Elmo corrió a preparar la malteada, y luego...

¡Bang! ¡Bang!

Volvió a golpear el bote de basura y le ofreció a Óscar la viscosa malteada. Óscar la tomó... y cerró de golpe su tapa.

"¿Por qué no juega Óscar?", suspiró Elmo.
De pronto, tuvo una idea. A Óscar le gustaban los días lluviosos, quizá jugaría si pensaba que estaba lloviendo.

Así que Elmo corrió a su casa y trajo una regadera.

"Está lloviendo, llueve y llueve", cantaba Elmo, regando agua sobre el bote de basura de Óscar. Pero Óscar no cayó en la trampa.

"Quizá Óscar salga a ver a su abuelita", pensó Elmo, así que cubrió con una manta su pelaje rojo y se puso una gorra de abuela en la cabeza.

¡Tin! ¡Tin!

Elmó tocó el basurero y dijo, con una dulce vocecita: "Oh, mi querido Óscar. ¿Podrías jugar con tu abuela, por favor?"

Óscar levantó la tapa, dejando salir un olor a estofado de sardinas y donas. "Oh, eres tú de nuevo", replicó. "¡Es un buen truco, pero no funcionó! Escúchame bien: ¡no, no y no!"

Elmo aún no estaba listo para rendirse. Debía haber *algún* modo de que Óscar cambiara de opinión. Elmo pensó, pensó y pensó.

"Elmo necesita pensar en algo más", dijo suspirando y después sonrió. "¡Eso es, Elmo fingirá ser un recolector de basura! Así Óscar saldrá feliz a jugar."

Con una voz áspera y grave, Elmo anunció: "¡El hombre de la basura llegó a recoger la basura!"

A Óscar le *encantaba* la basura, ¡no se desharía de ella!

Elmo y Óscar

"Guardo toda la basura para mi colección de chatarra", dijo furioso. "¡Espera un momento!", agregó, reconociendo a Elmo. "¿Lo intentaste otra vez, eh? ¡Estás empezando a agradarme y *eso* no me gusta!"

Y entonces, Óscar cerró de golpe la tapa y desapareció dentro de su bote de basura.

Elmo deseaba que se le ocurriera otra idea fantástica. Si Óscar no quería jugar con Elmo, ni con la abuelita ni con el recolector de basura, ¿con quién *querría* jugar?

Entonces Elmo recordó que su madre acabada de traer un bote de basura nuevo.

"¡Elmo ya lo sabe!", gritó. "¡Quizá Óscar juegue con un *gruñón!*"

Elmo hizo rodar su basurero junto al de Óscar, levantó la tapa y se metió.

¡Clin! ¡Clin!

Golpeando su bote contra el de Óscar, Elmo refunfuñó con su mejor voz malhumorada: "¡Aquí está otro gruñón para jugar con Óscar!"

¡La cabeza de Óscar asomó de inmediato! Por supuesto, pronto vio a Elmo en el otro bote y tuvo que admirar su gran idea.

"Tú ganas, cara peluda", dijo Óscar. "¿A qué quieres jugar?"

Elmo sabía exactamente qué juego sería: "¡Vamos a jugar... a los gruñones!"

Archibaldo, el hombre orquesta

(Primera parte)

Escrito por Elizabeth Clasing
Ilustrado por Joe Ewers y DiCicco Studios

Una de las frases favoritas para los oídos de Elmo era: "¿Están listos para un cuento?" Elmo pensaba que eran unas de las mejores palabras del mundo así que, cuando la bibliotecaria hizo esa pregunta, se emocionó.

"¡Sí!", gritó Elmo, junto con los demás pequeños monstruos de la Biblioteca de Plaza Sésamo.

"Sí, *por favor*", agregó Elmo. Era un monstruo muy educado. "A Elmo le encantaría escuchar un cuento."

La amable bibliotecaria les sonrió a todos en el círculo. "El cuento de hoy es sobre un amigo suyo", les dijo. "Un simpático y peludo monstruo azul llamado…"

"¿Archibaldo?", adivinó Elmo, ¡y tenía razón!

"Sí, esta es una historia sobre Archibaldo y su búsqueda de una música maravillosa", dijo Marian, la bibliotecaria.

"Oh, muy bien", dijo Elmo. Le gustaban mucho los cuentos sobre sus amigos de Plaza Sésamo.

Marian abrió el libro y comenzó...

Un día, Archibaldo caminaba por Plaza Sésamo cuando un enorme cartel llamó su atención.

"Oh, cielos, un 'Festival de Plaza Sésamo'", leyó Archibaldo en voz alta. "¡No lo puedo creer! Un festival justo aquí, en Plaza Sésamo. ¡Qué emocionante!"

Llamó a Big Bird, que bajaba saltando los escalones del número 123 de Plaza Sésamo.

"Mmm, Big Bird", le dijo Archibaldo, "¿puedes decirme qué es un festival?"

Big Bird sonrió: "Bueno, es un gran festejo, como una reunión, con mucha música y..."

"¿MÚSICA?", gritó Archibaldo. "¡Yo *adoro* la música, debo asistir también al festival!"

"Todos pueden asistir. Sólo necesitas algo que haga música", dijo Big Bird, dándose palmadas en las plumas del pecho con orgullo. "Yo voy a marchar y a cantar."

"¿Algo que haga música, *ummm*?", dijo Archibaldo. "Empezaré con eso ahora mismo."

Archibaldo fue directo a su casa y le pidió a su mamá algo que hiciera música. Ella le recordó el banjo que el tío Salomón le había regalado el año pasado en su cumpleaños.

Mientras su mamá hablaba, una brisa juguetona agitó la cortina de la ventana y también hizo repicar las campanillas de viento que colgaban ahí. Su suave timbre hizo que Archibaldo se detuviera a mirarlas.

"¡Ajá!", gritó Archibaldo.

Archibaldo llegó al patio de juegos un poco más tarde con su banjo. Le había atado las campanillas en un extremo, y tintineaban al caminar.

Sus amigos también se encontraban en el parque. Algunos meneaban sus cuerpos en un gracioso baile de conga y seguían a Enrique, que tocaba una vieja armónica.

"Esto es exactamente lo que necesito para hacer todavía *más* música", dijo Archibaldo con anhelo cuando lo vio.

"Aquí tienes, Archibaldo", Enrique le dio la armónica con una sonrisa. "¡Es tuya! Yo tengo otra en mi casa y esa es todavía más ruidosa… sólo pregúntale a Beto."

Archibaldo le dio las gracias a Enrique antes de regresar a Plaza Sésamo.

Ahí, estaba practicando una chirriante melodía cuando Óscar saltó de repente de su basurero.

"¿Qué es ese ruido?", se preguntó Óscar. "¡Me encanta!" Estaba tan impresionado con la música de Archibaldo, que le prestó al monstruo azul el abollado timbre de una bicicleta y dos viejas tapas de botes de basura.

Archibaldo componía una nueva cancioncita para su conjunto musical cuando vio algo maravilloso en la ventana de una tienda cercana. "Qué monstruo tan bello y adorable", dijo, sonriéndose a sí mismo en el brillante vidrio.

Y entonces advirtió la corneta.

Ruthie, una amiga de Archibaldo, era la propietaria de la tienda, y le prestó la corneta con mucho gusto.

Mientras Archibaldo se alejaba, tocaba suavemente su banjo –*trum*–, cascabeleaba con sus campanillas –*tilín*–, soplaba su armónica –*zummm*–, tamborileaba con las tapas de los botes de basura –*clanc*–, hacía repicar su timbre –*riiin*–, y hasta tocaba su corneta –*tuaaa*.

"No hay duda", dijo, suspirando alegremente. "Yo, Archibaldo, soy un monstruo muy, pero *muy* musical."

La aventura espacial de Enrique

Escrito por Guy Davis
Ilustrado por DiCicco Studios

"Es hora de ir a la cama", dijo Enrique con un bostezo, y su patito de hule hizo un pequeño chillido. Enrique miró su juguete favorito. "¿Qué es eso, patito? ¿No estás cansado?"

En ese instante, Beto, el amigo de Enrique, soltó un fuerte ronquido.

"Bien, parece que *alguien* sí está cansado", sonrió Enrique. "Muy bien, patito, si prometes estar bien callado, nos quedaremos despiertos un rato más."

Y miró por la ventana la noche estrellada mientras le daba unas palmaditas a su patito de hule.

Enrique susurró su poema nocturno favorito:

Estrellita, allá en el cielo,
primera estrella que yo veo,
yo quisiera, yo te pido
que me cumplas un deseo…

Luego se quedó mirando la luna, mientras se acomodaba en su almohada.

"Me pregunto cómo será allá arriba", pensaba Enrique al cerrar sus ojos. "Desearía poder volar a la Luna algún día."

21

Y justo cuando se estaba quedando dormido, sus ojos se abrieron como platos. ¿En qué estaba pensando? No era un buen momento para dormir. Su cohete espacial estaba a punto de despegar... Un momento, ¿qué cohete?

"¡Diez segundos para el despegue!", se escuchó un aviso. "Nueve, ocho, siete..."

Enrique miraba alrededor. ¡Él y su patito de hule eran astronautas dentro de un cohete... y estaban a punto de volar por el espacio! ¿Estaba soñando?

"...seis, cinco, cuatro..."

"Ahora no hay tiempo para preocuparse", pensó.

"...tres, dos, uno, *¡DESPEGUE!*"

"¡Aquí vamos, patito!", gritó Enrique. "¡Vamos camino a las estrellas!"

Como respuesta, el patito de hule chilló.

"No importa si estoy soñando o no", le contestó Enrique. "Esto es increíble."

El cohete salió disparado al
espacio, dejando la Tierra atrás.
En todas partes, Enrique veía
hermosas estrellas,
cometas vertiginosos
y asombrosos
planetas.

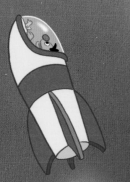

Enrique y su patito de hule volaban por el sistema solar, mirando todas sus maravillas.

"Sólo hay una cosa que haría este viaje aún mejor", dijo Enrique: "Que mi viejo amigo Beto estuviera aquí también."

Mientras su cohete zumbaba cerca de la Luna, el patito de hule emitió un sonido.

"¿Te gustaría echar un vistazo a la Luna?", le preguntó Enrique. Y el patito hizo un chillido del tipo "sí-me-gustaría-conocer-la-Luna".

Así que Enrique hizo aterrizar su cohete. Se ajustaron los cascos de astronautas y bajaron de un salto a la superficie de la Luna.

"¡Yuuju! ¡Eh! ¿Hay alguien aquí?", gritó Enrique y luego quedó atónito. ¡Un extraterrestre caminaba hacia él! Le parecía familiar, sólo que Enrique no conocía a nadie con un conjunto extra de ojos que brotaban de su cabeza, una cola como de lagarto, y manos y pies palmeados.

"¡Bienvenidos a la Luna!", dijo el extraterrestre. El patito de hule chilló un sorprendido hola.

"Honka womp womp hoyer", dijo el extraterrestre. "¡Derosa warble rezza gleet gleet vanderlaan!"

Enrique no entendía ese lenguaje, pero parecía tener sentido para su patito de hule.

"¿Qué es eso, patito?", preguntó Enrique. "¿Dijo que le parezco conocido? Dile que es gracioso, porque él también me parece familiar, pero no estoy seguro por qué."

El patito de hule chilló esa respuesta al extraterrestre mientras Enrique sonreía y le tendía la mano a su nuevo amigo. ¡Enrique comenzó a reír cuando se dieron las manos, porque los palmeados dedos del extraterrestre le hacían cosquillas! Enrique reía cada vez más fuerte.

"¡Enrique, despierta!"

Abrió los ojos y de pronto ya no estaba en la Luna, sino en su cama, y Beto lo sacudía para despertarlo.

"¡Enrique, ese debió ser un *buen* sueño!", refunfuñó Beto. "Te estabas riendo tan fuerte que me despertaste."

"¡Perdón, Beto!", sonrió Enrique. "¡Pero un sueño como ese no viene muy a menudo!"

Zoológico nocturno

Escrito por Gayla Amaral
Ilustrado por DiCicco Studios

Elmo estaba muy emocionado, ¡iría al zoológico! "¡Elmo verá enormes elefantes y leones y tigres y monos!", dijo con entusiasmo.

Cuando llegó, conoció a una amable guardiana del zoológico que sabía todo sobre los animales. Elmo tenía muchas preguntas. "¿Por qué tienen rayas las cebras? ¿Qué animal es el más inteligente? ¿Qué comen los elefantes?"

"Esas son preguntas geniales", dijo riendo la guardiana mientras caminaban por el parque.

De pronto, Elmo se detuvo. Había algo diferente en esa parte del zoológico, y trató de averiguar qué era.

"¿Por qué está tan tranquilo? ¿Dónde están los animales?", preguntó, curioso. No había ruidos de animales... ni monos parloteando ni tigres gruñendo.

"Busca en el árbol. ¿*Ujuu, ujuu,* lo ves?", rió la guardiana.

Elmo levantó la vista y susurró: "Elmo ve un búho, pero está dormido, ¿está tomando una siesta?"

La guardiana del parque le explicó que los búhos duermen durante el día, porque están despiertos toda la noche; también le dijo que a los animales que hacen eso, se les llama animales nocturnos.

¡Elmo observó a su alrededor y vio más animales durmiendo precisamente a mitad del día!

"¿Las zarigüeyas y los mapaches también permanecen despiertos toda la noche?", preguntó Elmo, pensando que sería agradable para el búho tener amigos en la noche.

La guardiana asintió con la cabeza. "Por eso a todos se les llama animales nocturnos, lo que significa que salen sobre todo por la noche."

Elmo imaginó la luna y las estrellas brillando en el cielo mientras los animales jugaban y buscaban un bocadillo a medianoche. Pero luego pensó en un problemita: "¿Cómo pueden ver?", se preguntó en voz alta. "Elmo necesitaría una linterna en la noche, pero las zarigüeyas y los mapaches no las usan."

"Buena pregunta, Elmo", respondió la guardiana. "Ellos tienen ojos especiales que les ayudan a ver en la oscuridad."

Elmo se preguntaba cómo sería estar despierto toda la noche. ¡Sería divertido quedarse despierto cada noche después de la hora de dormir!

La inteligente guardiana adivinó exactamente lo que Elmo estaba pensando.

"¿Entonces, te gustaría ser un monstruo nocturno, Elmo?", bromeó.

"¡Sí!", contestó él. "Elmo quiere ser un monstruo de la noche y ver en la oscuridad para jugar con Zoe, Archibaldo y sus otros amigos."

Y justo después, Elmo pensó en algo.

"¡Oh, oh!", exclamó, al momento de recordar a sus amigos. "Si Elmo tuviera ojos especiales para la noche, Elmo estaría solo sin sus amigos."

Y no sólo eso, pensó Elmo: no podría ver la luz del sol o el arco iris.

Elmo decidió
que era maravilloso que
hubiera animales
nocturnos, pero
que esa vida no
era para él. "¡No
es para Elmo!", exclamó.

Elmo no se dio cuenta de que estaba hablando fuerte pero de pronto, escuchó al búho decir: "*¡Ujuu, ujuu!*"

"¡Yujuu, es Elmo!", rió nervioso Elmo. "Elmo siente haberlo despertado, señor Búho", le dijo. El búho esponjó sus plumas y agitó sus enormes alas.

"Me pregunto cómo podemos ayudar al búho para que vuelva a dormir", dijo la guardiana del zoológico. "Necesita descansar."

Elmo tuvo una magnífica idea. "¡Elmo puede contarle un cuento para dormir!", exclamó.

"Había una vez un pequeño monstruo de la noche llamado Elmo", empezó, y luego continuó su cuento sobre un monstruo que despertaba cada noche en la oscuridad y dormía cada mañana cuando salía el sol. Y justo cuando Elmo terminaba su cuento, observó que el búho había cerrado sus ojos de nuevo.

Pero alguien más se había quedado dormido. "Buenas noches, Búho", susurró Elmo. "Buenas noches, guardiana del zoológico."

Big Bird y los sombreros

Escrito por Guy Davis
Ilustrado por Bob Berry

Era una perezosa tarde en Plaza Sésamo y Big Bird también se sentía un poco perezoso. Decidió que sería conveniente tomar una buena siesta, así que se acurrucó en su agradable nido. Pronto se durmió y soñó algo divertido.

"Hola, Big Bird", decía Archibaldo. "Yo, tu peludo amigo Archibaldo, estoy feliz de unirme a este sueño para mostrarte una colección de sombreros."

En el sueño, Big Bird le sonreía a Archibaldo y a su enorme pila de sombreros. "¡Apuesto a que hay un sombrero para cada quien en Plaza Sésamo!"

"Tienes toda la razón, compañero", dijo Archibaldo con acento campestre, y de pronto se puso un sombrero de vaquero.

"¡Hay un nuevo alguacil en Plaza Sésamo, y su nombre es Alguacil Archibaldo!"

"Cielos, me encanta usar mi imaginación", intervino Big Bird. "¡También quiero probarme algo! ¡Me pondré un casco para imaginar que soy un valiente bombero!"

"Ajúa, Bombero Big Bird", exclamó el Alguacil Archibaldo. "¡Eres un **ENORME** bombero valiente, y yo soy un **APUESTO** alguacil azul!"

Después, el sueño llevó a Big Bird al espacio... ¡con otro amigo peludo!

"Ey, hola, Elmo", dijo en sueños Big Bird. "¿Qué sombrero te gusta más?"

"Oh, a Elmo le gusta el casco de astronauta", dijo el Astronauta Elmo. "Elmo está jugando a ser un astronauta en el espacio y usa su imaginación."

También la imaginación de Big Bird trabajaba horas extra en su divertido sueño, porque enseguida soñó que estaba en el castillo del Conde.

"¿Qué sombrero desea usar, Conde?", preguntó Big Bird.

El Conde escogió el sombrero verde que tenía una pequeña margarita.

Big Bird y los sombreros

Big Bird se preguntaba por qué.

"Porque así puedo contar todos los pétalos de la margarita", dijo el Conde, riendo. "¡Un pétalo... dos pétalos... tres, cuatro, cinco pétalos... seis pétalos! ¡Ajá!"

Big Bird rió con él y no se sorprendió ni un poco cuando Rosita apareció en su loco sueño.

"¡Hola!", dijo Rosita. "¡También me gustaría escoger un sombrero. ¡Quiero ser reina por un día!"

"Buena elección, Rosita", afirmó Big Bird. "¡Pareces toda una reina con esa corona!"

¡Qué divertido sueño! Los mejores amigos de Big Bird estaban en él.

El sueño no había terminado... antes de que Big Bird despertara, llegaron más amigos a visitarlo.

"Más vale que uses este sombrero, Beto", dijo Big Bird, entregándole un casco azul y verde para ciclista.

"¡Uuuy!", gritó Beto, tambaleándose por el camino.

"Me alegra que use ese casco", se dijo Big Bird.

Antes de darse cuenta, Big Bird estaba repartiendo más sombreros a más amigos. Le había dado un gorro tejido a Enrique para usar fuera de la casa, y le dio un sombrero de chef blanco y esponjado a Lucas Comegalletas.

"¡Así podré hornear todo tipo de bocadillos!", dijo Lucas.

Big Bird y los sombreros

Y entonces, Big Bird despertó. Sonriendo, se dijo: "Efectivamente hay un sombrero para cada quien en Plaza Sésamo." Pero después recordó que una amiga no estuvo en su divertido sueño, así que bajó de su nido para ir a buscarla.

"¡Zoe, espera a que escuches sobre mi siesta y mi sueño de sombreros!", dijo Big Bird cuando encontró a Zoe. Ella se disponía a tomar una siesta y Big Bird le contó todo.

"Lamento no haberte dado un sombrero", dijo él.

Zoe rió. "Está bien, Big Bird, quizá *yo* tenga un sueño de sombreros... ¡y me los probaré todos!"

¿Quién jugará con Archibaldo?

Escrito por Guy Davis
Ilustrado por DiCicco Studios

¡Hola a todos! Soy su peludo amigo Archibaldo. Estoy en mi cuarto de juegos y busco a alguien que juegue conmigo.

Como saben, yo, su viejo amigo Archibaldo, soy muy buen compañero de juegos.

En primer lugar, soy simpático y peludo, y todos saben que los monstruos simpáticos y peludos son estupendos compañeros de juego.

¿Les gustaría jugar con este bonito globo rojo? ¿Sabían que los globos explotan muy, pero muy fácilmente? Tal vez podamos jugar con alguna cosa que no haga ¡*PUM!*

Podemos guardar este globo rojo para más tarde.

¡Miren lo que encontré! ¡Yo, Archibaldo, su servicial guía de la caja de juguetes, he descubierto un baúl lleno de cosas que seguramente nos proporcionarán horas de diversión!

¿Qué? ¿Dicen que es un hermoso día para jugar al aire libre? Esa es una observación muy inteligente.

Tengo una excelente idea, podemos jugar a que somos exploradores que excavan buscando dinosaurios. Ahora yo, su adorable explorador Archibaldo, les mostraré cómo excavar... *puff, puff*... y excavar... *¡puff, puff!*

Ummm... Tengo un problema pequeñísimo: no sabía que excavar en busca de dinosaurios era un trabajo tan duro.

44

Estoy seguro de que hemos excavado un hoyo a medio camino de China.

¡Caramba! Si cavamos hasta China, nos llevará mucho tiempo regresar a Plaza Sésamo, probablemente lleguemos a nuestras casas después de que anochezca, ¡y ya no podremos jugar más! Entonces, ¿qué clase de compañero de juegos sería Archibaldo?

¡Creo que hemos excavado bastante! Pasemos a otra cosa.

¡Oh! ¡Oh! Ya sé. Sólo para mostrarles que puedo ser un maravilloso compañero de juegos, les enseñaré una de mis habilidades. Yo, Archibaldo, haré malabares con tres pelotas en el aire —todas al mismo tiempo— mientras balanceo un cubo de agua sobre mi cabeza. ¡No se muevan! Estoy listo para comenzar.

Muchos pueden creer que esto es fácil, pero les aseguro que es una acrobacia muy difícil... *¡uy!*, *¡oh!*, *¡uy!*

Está bien, creo que no es muy buena idea, así que voy a intentarlo con *dos* pelotas y un cubo de agua sobre mi cabeza... *¡uy!*, *¡oh!*

¡De acuerdo, quizá haré malabares sólo con una pelota mientras balanceo el cubo de agua sobre mi cabeza! Observen mientras empiezo a hacer malabarismos con esta colorida pelota de hule... *¡ay!*

Ummm... creo que estos malabares son algo complicados.

Por suerte, aún tenemos el bonito globo rojo. Cielos, no me había dado cuenta de que era un globo ENORME. ¡Vaya! ¡Este bonito globo me está llevando hacia arriba, arriba, muy lejos! Ummm... ¡es **REALMENTE ALTO** por aquí, y Plaza Sésamo se ve **REALMENTE PEQUEÑA!** ¿Podré bajar alguna vez? Quizá uno de estos lindos pájaros me ayude.

¡PUM!

De acuerdo, la hora de jugar terminó. Gracias por jugar con su peludo amigo Archibaldo. Espero que acompañen otra vez al adorable Archibaldo mañana. Y que recuerden que los globos explotan muy, pero muy fácilmente. ¡Adiós! Fíuu.

La caja de música de Elmo

Escrito por Gayla Amaral
Ilustrado por DiCicco Studios

Elmo se sentía un poco triste y no sabía la razón. "Elmo no se siente muy contento", suspiró.

"¿Por qué no escuchas algo de música, Elmo?", le sugirió su mamá. "La música me hace sentir contenta."

La cara de Elmo se iluminó cuando levantó su caja de música favorita. Mientras sonaba la música, Elmo comenzó a saltar y a bailar.

"¡Ahora Elmo se siente muy feliz!", dijo alegremente mientras salía bailando a Plaza Sésamo con su caja de música en la mano. Al poco rato vio a Rosita.

"Hola, Elmo", dijo Rosita con tristeza, "te ves feliz, y me gustaría estar feliz también". Rosita le explicó que su abuela se había ido a sus clases de baile de salsa, y por eso no podía visitarla.

"Elmo te alegrará",
dijo el monstruito, dándole
cuerda a su caja de música. La alegre música pronto hizo
que Rosita zapateara y aplaudiera siguiendo el ritmo.

"¡Gracias, amigo! ¡Me siento mucho más contenta
ahora!", exclamó Rosita, abrazando a su amigo. "¡Esta
caja de música es maravillosa!"

De pronto, Elmo sintió que algo enorme y peludo saltaba sobre él, cubriéndolo con grandes, pegajosos y torpes besos. ¡Era Barkley!

"¡Detente, Barkley!", reía Elmo, pero el adorable perro seguía lamiendo alegremente su cara. Elmo seguía riendo cuando escuchó una voz.

"¿Barkley, qué mosco te picó?", exclamó Betty Lou. "Lo siento mucho, Elmo, no sé por qué Barkley escapó así."

Betty Lou le explicó que Barkley había estado triste porque no había encontrado el lugar donde enterró su hueso, y ella pensó que un paseo por el parque los animaría, pero nada parecía hacerlo feliz hasta que vieron a Elmo.

"La caja de música hizo feliz a Elmo y también alegró a Rosita. Tal vez la música de Elmo hizo que Barkley se sintiera mejor", sugirió el pequeño monstruo rojo.

Elmo bailó con sus amigos con gran energía, así que al poco rato la felicidad de Elmo se convirtió en un hambre feroz. Él sabía exactamente lo que necesitaba: un bocadillo de la tienda de Hooper.

Cuando Elmo llegó a la tienda, vio a Lucas Comegalletas con un plato de galletas y un vaso grande de leche.

"Hola, Lucas", lo saludó Elmo, pero el Monstruo Comegalletas casi ni lo miró. "¿Qué sucede?", preguntó Elmo. "¿Te duele el estómago? ¡Esas son muchísimas galletas!"

"Estómago mío está bien", contestó Lucas, "pero mí no contento, mí tengo muchas galletas pero no tengo a nadie para compartirlas".

¡Pobre Monstruo Comegalletas! Se sentía solo.

Elmo sabía exactamente qué hacer: levantó su confiable caja de música, le dio cuerda otra vez, y dejó que sonara la música. Muy pronto, Lucas zapateaba con sus pies y tarareaba siguiendo la música.

"Hermosa esa canción", dijo un Lucas más alegre. "¡Ey! Tengo una idea. ¡Mí comparto galletas contigo, y mí mastico al ritmo de música!"

Lucas Comegalletas le entregó una galleta a Elmo, al mismo tiempo que Rosita entraba bailando en la tienda.

"Es un baile alegre", dijo Elmo.

"Mi abuela me lo enseñó", contestó Rosita. "Lo aprendió en su clase de salsa. ¡Me hace feliz porque me recuerda que pronto iré a visitarla!"

Enseguida, Barkley entró corriendo por la puerta; Betty Lou sujetaba fuertemente la correa. Barkley tenía un magnífico hueso en la boca y bailaba emocionado alrededor de Elmo.

"Mira, Elmo", dijo Betty Lou. "Barkley encontró su hueso perdido y creo que quiere darte las gracias por animarlo con tu caja de música."

"De nada, Barkley", dijo Elmo, riendo. "Elmo está feliz de que hayas encontrado tu hueso especial."

Entonces, Lucas compartió sus galletas para que todos tuvieran un bocadillo.

La caja de música de Elmo

Elmo miró su caja de música con una sonrisa.
"Elmo está feliz, y los amigos de Elmo están felices",
dijo el pequeño monstruo rojo. "¡La música y compartir
hacen felices a todos... hasta a los perritos!"

Galletas para todos

Escrito por Catherine McCafferty
Ilustrado por DiCicco Studios

Lucas Comegalletas horneaba unas galletas con chispas de monstruo, su golosina favorita. Las chispas de monstruo eran en realidad uvas pasas.

"¡Una galleta con chispas de monstruo, dos galletas con chispas de monstruo, tres galletas con chispas de monstruo, cuatro galletas con chispas de monstruo, cinco galletas con chispas de monstruo, seis galletas con chispas de monstruo, siete galletas con chispas de monstruo!" Lucas lo pensó un poco. "¡Mí como una ahora, y una después, y luego todas las demás galletas!", dijo. *¡Miam, Miam!* ¡Se acabaron las dos galletas. ¡No podía esperar para comer el resto!

Alguien más tampoco podía esperar. Elmo pasaba por la casa de Lucas Comegalletas cuando olió algo delicioso, así que se asomó por la puerta de la cocina.

"¡Tan, tan!", llamó Elmo.

"¿Quién es?", preguntó Lucas Comegalletas.

"¡Elmo!"

"¿Cuál Elmo?", bromeó el Monstruo Comegalletas.

"¡Elmo, el que adora las galletas!", dijo Elmo.

"¡Entonces, Elmo puede entrar!" Lucas Comegalletas abrió la puerta. "¡Mí tengo bastantes galletas de chispas de monstruo para compartir!"

"¡Oh, Lucas! ¡A Elmo le encantan las galletas de chispas de monstruo!", dijo Elmo.

"Las galletas de chispas de monstruo son muy especiales y mí sólo las preparo para comer a veces. Receta heredada de mamá a Lucas Comegalletas", dijo el monstruo. Elmo se comió hasta la última migaja de su deliciosa galleta de chispas de monstruo.

"¿Puede Elmo llevarse una para la mamá de Elmo?", preguntó el monstruito.

Lucas Comegalletas asintió con la cabeza, pero estaba un poco preocupado porque sólo quedaban cuatro galletas de chispas de monstruo.

"Quizá mí como una ahora", dijo Lucas, pero antes de darle una mordida, alguien más asomó por la ventana.

"¡Tan, tan!", llamó una voz.

"¿Quién es?", dijo Lucas Comegalletas.

"¡Zoe, Zoe, Zoe!", dijo Zoe.

"¿Cuál Zoe, Zoe, Zoe?", preguntó Lucas.

"¡Zoe, Zoe, Zoe, la que quiere visitar a Elmo y a Lucas y probar las galletas que huelen delicioso!", contestó Zoe.

Lucas Comegalletas abrió otra vez su puerta.

"Hola, Lucas. Hola, Elmo", dijo Zoe. "¿Puedo tomar una galleta?"

"¿Zoe puede tomar una galleta?", preguntó Elmo. El Monstruo Comegalletas sintió un nudo en la garganta. Pero Zoe lo pidió tan amablemente que no pudo negarse e incluso dejó que Elmo se pusiera su gorro de panadero.

"Ahora Elmo puede ayudar a Lucas a hornear galletas", rió Elmo. "Bueno, Elmo puede ayudar a *comer* galletas."

Zoe mordisqueaba una galleta mientras Elmo jugaba a ser un panadero.

¡Y al mismo tiempo, Lucas contaba las galletas, pero sólo quedaban dos! Y de pronto, aparecieron dos caras nuevas en la puerta.

"Ey, Beto", dijo Enrique, "¿huele a galletas?"

"Bueno, sí, Enrique, creo que Lucas Comegalletas tiene galletas especiales de chispas de monstruo", dijo Beto.

Galletas para todos

"¡Tan, tan!", llamó Enrique.

"¿Quién es?", preguntó el Monstruo Comegalletas.

"Beto", dijo Beto.

"Y Enrique", dijo Enrique.

"¿Cuál Beto y cuál Enrique?", preguntó Lucas.

"El Beto y el Enrique a los que de verdad les encantaría probar tus galletas de chispas de monstruo", rió Enrique.

Lucas dejó entrar a Beto y a Enrique, y con algo de tristeza les dio las últimas dos galletas.

Zoe, Beto y Enrique comían ruidosamente sus deliciosas galletas con chispas de monstruo y Lucas sólo veía el plato vacío. "Mí hago galletas de chispas de monstruo", pensó Lucas, "¡y mí hago amigos Monstruos Comegalletas!"

Y en ese mismo instante, el timbre del horno sonó.

¡Ring! ¡Ring!

"¿Qué es?", dijo Lucas.

"No, no", dijo Elmo. "El Monstruo Comegalletas debería decir: '¿Quién es?'"

"¡Oooh, me encanta este juego, adoro este juego!", dijo Zoe, aplaudiendo con emoción.

El timbre sonó de nuevo.

¡Ring! ¡Ring!

"¿Quién es?", dijo Lucas.

El horno no contestó, así que Elmo lo hizo.

"¿Galletas?", dijo él.

¡Y entonces, Lucas Comegalletas recordó que había horneado otra bandeja!

"¡Galletas!" Lucas corrió a abrir la puerta del horno.

"¿Cuáles galletas?", preguntaron todos sus amigos.

"¡Más galletas de chispas de monstruo, ésas son!", dijo muy alegre Lucas. "Suficientes para los amigos... ¡y suficientes para el Monstruo Comegalletas!"

El secretito de Zoe

Escrito por Guy Davis
Ilustrado por DiCicco Studios

Elmo y Zoe estaban en el patio durante la hora del recreo, cuando el canto de un pajarito hizo reír a Elmo. De pronto, Zoe anunció algo.

"¡Yo sé un secretito!", dijo emocionada.

"¿Cuál es?", preguntó Elmo. "¿Qué secreto sabe Zoe y Elmo no?"

"¡Es un secreto *sobre* Elmo!" Zoe reía al tiempo que jugaba con los broches de su pelo. "¡Tienes que adivinar!"

"A Elmo le gusta adivinar secretos", dijo Elmo. "¿Le darás una pista a Elmo, Zoe, por favor?"

"De acuerdo, te daré una pista", dijo Zoe inclinándose hacia la oreja de Elmo. "¿Estás listo?"

"Elmo está listo", dijo él, riendo porque Zoe susurraba en su oreja y eso le hacía cosquillas.

"¡El secreto es... que yo sé qué es lo que más le gusta a Elmo!", dijo Zoe.

"¿Lo que más le gusta a Elmo? Eso es fácil", replicó Elmo. "¡Lo que más le gusta a Elmo es jugar con Zoe!"

"¡No, ese no es el secretito!", rió Zoe mientras se alejaba. "Piensa en ello."

Elmo decidió seguir a Zoe por la cuadra para conseguir más pistas. La descubrió hablando con Óscar el Gruñón y se acercó sigilosamente para escuchar.

"Óscar, ¿quieres oír qué es lo que más le gusta a Elmo?", preguntó Zoe.

"¿Parece que quiero escuchar qué es lo que más lo gusta a Elmo?", gruñó Óscar.

"¡Sí!", dijo Zoe animadamente.

"¡Bien, pues estás equivocada, porque no quiero oír qué es lo que más le gusta a Elmo!", contestó Óscar.

"¡Ay, Óscar, no bromees!", rió Zoe. "¡Te lo diré bajito!" Y Zoe susurró en el oído de Óscar.

"¿Ya terminaste?", preguntó Óscar, malhumorado pero ocultando una sonrisa. "¡Y ahora... adiós!"

"¡Está bien, Óscar!", contestó Zoe. "¡Nos vemos más tarde!"

Zoe se alejó saltando... ¡y Elmo la seguía de cerca!

Zoe regresó al preescolar. Elmo se escabulló detrás de ella y la espió cuando hablaba con Archibaldo.

"Archibaldo, te voy a mostrar lo que más le gusta a Elmo", dijo Zoe, escribiendo en el pizarrón.

"Yo, tu encantador amigo, ya sé qué es lo que más le gusta a Elmo", dijo Archibaldo. "¡A Elmo le gusta que yo me convierta en el único, en el inigualable, Súper Archibaldo!"

"Esa es *una* de las cosas que más le gustan a Elmo", dijo Zoe. "Déjame decirte cuál es *su* favorita..."

Elmo no podía permanecer callado más tiempo.

"¡Espera, Zoe!", dijo Elmo. "Elmo sabe la respuesta. ¡Lo que más le gusta a Elmo es su pez dorado, Dorothy!"

"¡No-o, eso no es!", contestó Zoe.

"¡Lo que más le gusta es usar su imaginación!", dijo él.

"Casi aciertas, ¡pero ese no es el secreto!", dijo Zoe.

"Lo que más le gusta es... ¡la mostaza!", dijo Elmo.

El secretito de Zoe

"¡No me hagas reír!", dijo Zoe mientras ponía las manos en sus caderas. "¿En serio?"

Elmo se puso un poco nervioso.

"Bien, a Elmo se le agotaron las ideas", dijo él. "¿Puedes darle más pistas?"

Zoe asintió y condujo a Elmo y a Archibaldo afuera.

Beto había encontrado una pluma y la usaba para hacerles cosquillas a sus amigos. Elmo se reía al ver cómo le hacían cosquillas a todos... incluso a Óscar.

"¡Esa es la pista!", dijo Zoe.

"¡Ah, Elmo lo sabía!", dijo emocionado Elmo. "¡El secretito es que Elmo tiene *muchas* cosas favoritas! Dorothy es el pez favorito de Elmo, Óscar es su gruñón favorito, y Súper Archibaldo es su héroe favorito", agregó. "Y el juego favorito de Elmo es que le hagan cosquillas."

"Bueno, tienes muchísimas cosas favoritas, Elmo", dijo Zoe. "¡Pero ese no es el secreto. ¡Te gusta más otra cosa!"

Elmo comenzó a reírse porque ahora Zoe había empezado a hacerle cosquillas a *él*.

"¿Qué cosa es?", decía Elmo riendo. "¿Cuál es la cosa favorita que Elmo olvidó?"

"¡Que a Elmo le encanta reír!", gritó Zoe, y todos rieron juntos.

Bajo la cama

Escrito por Guy Davis
Ilustrado por DiCicco Studios

Estoy buscando a mi amigo osito,
      ¿dónde, oh, dónde estará?
  Con su tierna cola y sus lindos ojitos,
      ¿dónde, oh, dónde estará?

Archibaldo estaba listo para ir a la cama, pero primero tenía que encontrar a su osito de peluche.

"Estoy listo para ir a dormir", dijo Archibaldo. "Me he cepillado cada uno de mis dientes, y me he puesto mi pijama de puntitos, ¡pero hasta un monstruo tan peludo y simpático como yo necesita su osito de peluche! ¿Dónde puede estar?"

Así que Archibaldo buscó de arriba abajo, y buscó a un lado de la mesita de noche y en el armario. De hecho, Archibaldo buscó en todos lados, excepto...

"¡Cielos!", se dijo Archibaldo con un nudo en la garganta. "¿Y si mi osito está *debajo de la cama?*"

Archibaldo tragó saliva con un *¡gulp!* "No es que tenga miedo de mirar bajo la cama sólo porque está oscuro allá", se dijo.

"No, no tengo miedo de buscar a mi osito debajo de la cama", repitió Archibaldo. "Pero hasta un monstruo peludo y simpático como yo necesita algún equipo de seguridad."

Así que Archibaldo reunió algunos artículos por si había algún problema cuando buscara bajo la cama. Mientras recogía esos objetos, tarareaba una cancioncita:

Estoy buscando a mi amigo osito,
¿dónde, oh, dónde estará?
Con su tierna cola y sus lindos ojitos,
¿dónde, oh, dónde estará?

Por fin, Archibaldo estaba listo para su gran aventura. Se había puesto un visor de buzo para proteger sus ojos y sus pantuflas de conejitos para proteger sus pies.

"Yo, su peludo amigo Archibaldo, siempre he creído que debo estar preparado", dijo Archibaldo. "Por eso tengo mi linterna, mi red para cazar mariposas y mi caña de pescar."

Archibaldo también llevaba una banana, por si acaso.

"Es hora de ir bajo la cama", anunció Archibaldo y, respirando muy profundo, levantó la manta y las sábanas, y alumbró con su linterna bajo la cama.

"¡Oh, cielos!", dijo Archibaldo, atónito. "¿Qué es *eso?*"

¡Algo raro lo miraba directo a los ojos! Pero después de verlo más de cerca, Archibaldo se dio cuenta de que estaba mirando un empolvado dinosaurio de juguete.

Bajo la cama

Mientras buscaba a su osito de peluche, Archibaldo descubrió varias cosas que había perdido.

"¡Me preguntaba en dónde estarían esos crayones!", exclamó. "Y miren, ¡aquí está mi pelota de baloncesto!"

Y en ese instante, Archibaldo se paralizó. Algo atrajo su mirada. Lentamente alumbró con su linterna la oscura sombra… "¡Aquí estás, osito!", sonrió Archibaldo.

Archibaldo recogió a su osito de peluche y lo abrazó.

"Hasta un valiente monstruo como yo extraña a su osito de peluche", dijo Archibaldo. "¡Sabía que te encontraría!"

"Y como ya estoy en este oscuro y peligroso lugar", pensó Archibaldo, "rescataré a mis demás juguetes". Así que recogió sus crayones, la pelota y el dinosaurio, y los sacó de allí.

Más tarde, Archibaldo se acurrucó en su cama con su osito de peluche y cantó su cancioncita de nuevo:

Estoy buscando a mi amigo osito,
   ¿dónde, oh, dónde estará?
Con su tierna cola y sus lindos ojitos,
   ¿dónde, oh, dónde estará?

Mientras se quedaba dormido, imaginó que escuchaba a su osito susurrar en respuesta: "Yo, el osito de peluche de Archibaldo, estoy exactamente donde debo estar. ¡Buenas noches!"

La fantástica banda de Elmo

Escrito por Guy Davis
Ilustrado por Tom Brannon y Bob Berry

Elmo estaba soñando despierto. "¡Elmo ama la música! Le gusta tanto que algún día Elmo tendrá su propia banda", dijo.

Zoe oyó a Elmo por casualidad y se emocionó mucho.

"¡No bromees!", dijo Zoe. "¿Es verdad?"

"¡Sí, de verdad!", dijo Elmo. "¡A Elmo le gusta cantar y hacer música para todos!"

"¿Elmo, puedo estar yo también en tu banda?", le preguntó Zoe.

"A Elmo le encantaría que Zoe estuviera en su banda", dijo Elmo. "¡Podemos llamarla 'La banda de Elmo y Zoe'! ¡Y Zoe puede tocar el teclado!"

"¡Sí!", exclamó Zoe, saltando de gusto. "¡Me encanta!"

Y entonces dejó de saltar.

"¿Mm, qué es un teclado?", preguntó Zoe, pero Elmo no le contestó, estaba en lo más profundo de su sueño.

"¡Elmo le pedirá a Louie que toque la batería y a Big Frankie que toque la guitarra!" En la fantasía de Elmo, a Big Frankie y a Louie los emocionaba mucho estar en una banda. Louie hasta hizo un solo en su batería: *Bum-budu-bum-budu, ¡BUM! ¡BUM! ¡BUM!*

"Elmo sabe cuál es el lugar perfecto para que toque nuestra banda", dijo Elmo en voz alta. "¡En el Espectáculo de Talentos de Plaza Sésamo!"

"Oh, Elmo", dijo Zoe, "¡me siento orgullosa! ¡Nuestra banda interpretará la mejor música de todas!"

Ahora también Zoe podía imaginarla: la banda trabajaba en equipo para subir sus instrumentos al autobús que los llevaría al espectáculo.

"El viaje será más divertido si vamos cantando", imaginó que diría Elmo. "¡Cantemos todos juntos!"

Nuestro transporte sobre ruedas va,
  por aquí y por allá.
Nuestro transporte sobre ruedas va,
  ¡por toda la ciudad!
Nuestros tambores suenan bum-bum-bum,
  bum-bum-bum, bum-bum-bum.
Nuestros tambores suenan bum-bum-bum,
  ¡por toda la ciudad!

Nuestras guitarras suenan trim-trim-trim,
  trim-trim-trim, trim-trim-trim.
Nuestras guitarras suenan trim-trim-trim,
  ¡por toda la ciudad!
Nuestros teclados suenan plin-plin-plin,
  plin-plin-plin, plin-plin-plin.
Nuestros teclados suenan plin-plin-plin,
  ¡por toda la ciudad!

La banda de Elmo y Zoe llegó al centro recreativo en donde estaba a punto de iniciar el Espectáculo de Talentos. El personal del escenario les ayudó a instalarse.

"Oye, Elmo", dijo Big Frankie. "Estoy un poco nervioso, ¡creo que tengo pánico escénico!"

"Sólo haz tu mejor esfuerzo, Big Frankie", le dijo Elmo. "¡Y piensa en lo feliz que se pondrá la gente cuando escuche nuestra música!"

"No hay tiempo para estar nerviosos", gruñó Louie. "¡Tenemos que dar un espectáculo!"

La banda corrió al escenario.

"¡Bienvenidos al Espectáculo de Talentos de Plaza Sésamo!", gritó Zoe ante la multitud. "¿Están listos para cantar todos juntos?"

"Esta es una de las canciones favoritas de Elmo", agregó Elmo. "Canten todos juntos."

"¡A moverse!", dijo Zoe, bailando por todo el escenario.

En el sueño, Elmo y Zoe les pedían a todos que cantaran...

La banda de Elmo y Zoe toca MÚSICA.
  Y todo el día, sin parar, se oye MÚSICA.
Con un BUM aquí
  y un BUM allá.
¡BUM aquí, BUM allá,
  BUM por todas partes!
La banda de Elmo y Zoe toca MÚSICA.
  Y todo el día les aplauden por su MÚSICA.
Con un CLAP aquí
  y un CLAP allá.
¡CLAP aquí, CLAP allá,
  CLAP por todas partes!
La banda de Elmo y Zoe toca MÚSICA.
  Y en ella todos tocan bien, ¡qué MÚSICA!
Con un BING aquí
  y un BANG allá.

¡BING aquí, BANG allá,
  BING-BANG por todas partes!
La banda de Elmo y Zoe toca MÚSICA.
  ¡MÚSICA!

"¡Gracias!
¡Buenas noches!"

Invierno en primavera

Escrito por Catherine McCafferty
Ilustrado por Bob Berry

¡Qué hermoso día de invierno! Ciertamente así pensaba el monstruo Telly, deslizándose por la nieve en sus patines de hielo. Practicaba su patinaje hacia delante, hacia atrás, ¡e incluso girando en círculos!

Telly patinó dando vueltas y vueltas por el estanque mientras la nieve dejaba de caer y un sol invernal asomaba. "Patinar es el deporte que más me gusta, aparte de rebotar en un palo saltarín", se dijo Telly, "aunque no pueda patinar en triángulos". ¡Y Telly patinó haciendo otro rizo! Telly pensaba en el día en que acabaría el invierno, sin más nieve, ni más hielo, ¡ni más patinaje sobre hielo!

"¿Qué haré entonces?", pensó, muy preocupado.

Telly patinó cada vez más lento en círculos hasta que finalmente se detuvo. Se daba cuenta de que el hielo no duraría para siempre y pronto el invierno terminaría.

"¡Hola, Telly!", lo saludó Elmo desde la orilla del estanque, mientras Telly se deslizaba tristemente hacia él.

"¡Oh, Telly es un gran patinador! A Elmo realmente le encanta mirar a Telly." Elmo aplaudía, pero eso no animó a Telly.

"Gracias, Elmo", dijo Telly con un triste suspiro.

"¿Por qué está triste Telly?", preguntó Elmo.

"El invierno va a terminar, y no podremos patinar", volvió a suspirar Telly.

"¿No más invierno?", preguntó Elmo tristemente. "¡Pero a Elmo le encanta el invierno!"

"Oh, no, sabía que esto pasaría", dijo Telly. "Ahora tú también estás triste."

Elmo trató de pensar en algo que los animara a ambos, y dijo: "Pero algo bueno sucede cuando termina el invierno."

"¿Sucede algo?", preguntó Telly.

Elmo asintió con la cabeza: "¡La primavera!"

"¡Pero a mí me encanta el *invierno!*", dijo Telly.

Elmo pensó por un minuto. "Pero a Telly le gustan también los colores", dijo.

Telly asintió: "*¡Adoro* los colores!"

"¡La primavera está llena de colores!", dijo Elmo. "¿Recuerdas? Hay arco iris en la primavera."

"Incluso Óscar sonríe cuando ve uno", dijo Telly.

Elmo soltó una risita, recordando otra cosa primaveral. "La cometa de Beto también era de muchos colores. ¿Lo recuerdas? ¡La que voló la primavera pasada!"

"Ya cambié de opinión", dijo Telly. "¡No me molesta si termina el invierno, adoro la primavera!" Pero después... "Oh, no, pero la primavera terminará también", refunfuñó.

"Cuando termina la primavera, empieza el verano", dijo el monstruito rojo.

Telly aún no parecía muy feliz, así que Elmo continuó. "¿Recuerdas? Elmo y Telly se divirtieron mucho el verano pasado en el juego de fútbol del Conde. ¡Elmo recuerda que Telly aclamaba a su equipo!"

"¡Sí, sí, lo recuerdo!", dijo Telly saltando de gusto sobre sus patines.

"¡Después del juego, hicimos trucos de yoyo!", agregó.

¡Telly casi había olvidado su yoyo! Por cierto, ¿dónde estaba su yoyo? Y ya empezaba a preocuparse por *eso* cuando Elmo tiró de su mano

"¡Telly, Telly!", dijo Elmo. "¡Deprisa, vamos!"

Telly miró alrededor. ¿Qué pasaba? "¿Qué sucede, Elmo?", preguntó.

"No pasa nada malo, Telly", dijo Elmo, deslizándose sobre el hielo con Telly. "¡Elmo quiere divertirse en invierno para recordarlo en el verano!"

"Está bien, Elmo", dijo Telly. Después de todo, cuando el invierno terminara, una maravillosa estación nueva empezaría. Y patinando con su amigo, las preocupaciones de Telly se derritieron... como la nieve.

Un día maravilloso

Escrito por Elizabeth Clasing
Ilustrado por Tom Brannon y DiCicco Studios

Hola, es Elmo. Elmo quiere decirte todo sobre su día. Pero primero, dile a Elmo qué hiciste *tú* hoy. ¿Aprendiste algo nuevo? ¿Jugaste? ¿Ayudaste a alguien? ¿Corriste y saltaste y diste vueltas? ¡Elmo espera que sí!

Elmo tuvo un *maravilloso* día. ¿Quieres que te lo cuente? ¿Sí? ¡Hurra!

El día de Elmo comenzó con el mejor sueño de su vida, estaba soñando con un carrusel. ¡El caballito de Elmo cobró vida y corrió hacia Plaza Sésamo! ¡Y hasta saltó sobre el bote de Óscar! ¡Qué caballo más gracioso!

¡Oh, Elmo casi lo olvida! Se supone que Elmo te está contando sobre su maravilloso día.

Cuando Elmo despertó, no había carrusel, pero había un sol enorme y amarillo. Elmo sabía que tenía que salir a jugar. ¿Alguna vez te has sentido así en un día soleado? *¿Sí?*

¿Puedes adivinar quién estaba esperando para jugar? Elmo te va a dar una pista. Ella llevaba un tutú.

¿Adivinaste que era Zoe? Eres muy inteligente.

Zoe y Elmo jugaron a la ronda por un rato y algunos de los demás amigos de Elmo también bailaron con nosotros.

Elmo jugó otro juego después, empieza con una canción.

¿Sabes dónde encontrar tu nariz? ¿Puedes tocar los dedos de tus pies? Entonces puedes jugar.

Así va la canción:

"Cabeza, hombros, rodillas y pies, rodillas y pies.

Cabeza, hombros, rodillas y pies, rodillas y pies."

¿Oh, también conoces ese juego?

Hoy, Elmo lo jugó con Zoe, pero Elmo inventó nuevas palabras.

¿Por qué no jugamos juntos AHORA MISMO?

Elmo empezará muy normal.

"Cabeza, hombros, rodillas y pies, rodillas y pies.

Cabeza, hombros, rodillas y pies, rodillas y pies."

Eso es, ¿listos para jugar a la manera de Elmo? ¡Hurra!

"¡Orejas, codos, ombligo, ombligo!"

¡Ja, ja, ji, ji! ¡Ombligo! ¡Esa es la parte favorita de Elmo! Vamos de nuevo.

"¡Orejas, codos, ombligo, ombligo!"

¡Vaya!, sin duda eres bueno en este juego.

Después de que jugamos el juego favorito de Elmo, jugamos el juego favorito de Zoe y eso la hizo muy feliz. ¿Adivina qué? Hacer feliz a Zoe hace feliz a Elmo.

A Zoe realmente le gusta fingir, así que a eso jugamos. A Zoe le gusta jugar a que es una bainalira...

¡Ay! Elmo quiere decir *bailarina*, ¡bailarina!, ¡bailarina! ¿Puedes decir bailarina? La boca de Elmo se retuerce al decir eso. ¡Inténtalo tú! ¡Inténtalo!

Elmo y Zoe fingieron ser bailarines juntos. Llevar puesto un tutú le ayudaba a Zoe a fingir. Elmo deseaba tener un tutú, pero también podía jugar a ser un bailarín sin un tutú.

Zoe le dijo a Elmo que giraran como bailarines y eso hizo Elmo.

Elmo daba vueltas tan rápido que se mareó y ¡PUM!, Elmo cayó en el césped con un cosquilleo en el estómago.

¡Nos reímos sin parar!

Hazte cosquillas en el estómago y verás. ¡Ja, ja, ji, ji!

¡El maravilloso día de Elmo todavía no terminaba! Aún había algunos juegos que jugar.

Elmo le mostró a Zoe cómo saltar la cuerda. Arriba. Abajo. Arriba. Abajo. Arriba. Abajo.

Al principio, los pies de Zoe estaban confundidos, pues bajaban en lugar de subir. A veces hasta los bailarines necesitan que un amigo los ayude a aprender algo nuevo.

A Elmo le gusta ayudar, así que ayudó a Zoe y ella saltó hasta el diez. Ahora Elmo sabe que las bailarinas son *muy* buenas para saltar.

Más tarde, Zoe le mostró a Elmo otra manera de saltar. Nosotros saltamos en un juego llamado bailón. ¡Oh, uy! ¡Ay, otra vez! Elmo quiere decir *avión*. Elmo tenía que contar del uno al diez para jugar. Cuenta con Elmo.

Uno. Dos. Tres. ¡Muy bien! Di la siguiente parte muy rápido: cuatrocincoseis. Ahora ve despacio: siete... ocho... nueve.

Un día maravilloso

Está bien, di la última parte realmente *fuerte:* ¡DIEZ!
Ja, ja. ¡Eso fue divertido!

Elmo y Zoe jugaron al avión todo el camino a casa.

¿Lo ves? Por eso Elmo dijo que había sido
un día maravilloso.

Archibaldo, el hombre orquesta
(Segunda parte)

Escrito por Elizabeth Clasing
Ilustrado por Joe Ewers y DiCicco Studios

"¿Qué relato les gustaría escuchar hoy?", preguntó Marian, la bibliotecaria.

Elmo y sus amigos gritaron sus ideas.

"*¡Buenas noches, luna!*" "*¡El gato con botas!*" "¡Una historia de refrigeradores!"

Nadie parecía estar de acuerdo.

"¿Podemos oír otra historia sobre Archibaldo, el hombre orquesta?", preguntó Elmo. "A Elmo realmente le gustó el último relato sobre Archibaldo."

Todos los demás monstruitos aplaudieron su idea.

"Creo que había más en esa historia", dijo Marian. "¿Recuerdan? Archibaldo tenía un banjo..."

"¡Que hacía *trum!*", dijo un monstruo azul.

Marian asintió. "Sí, y unas campanillas de viento y una armónica", dijo.

"*¡Tilín! ¡Zummm!*", gritó otro monstruo.

"Y después, algunas tapas de botes de basura y el timbre de una bicicleta", dijo Marian.

"*¡Clanc!, ¡Riiin!*", dijeron al mismo tiempo dos monstruos.

"Y una corneta que hacía *tuaaa,*" agregó Elmo.

Marian abrió su libro y dijo: "Bien, ahora, así termina la historia..."

Ninguno podía creer lo que sus ojos veían. Archibaldo acababa de llegar al parque donde algunos amigos ensayaban para el Festival de Plaza Sésamo.

Archibaldo notó su sorpresa y asintió con la cabeza. "Ya *lo sé*, ni yo lo puedo creer. ¿Por qué alguien tiraría una tuba en perfecto estado?"

Cuando se detuvo para hablar con Lucas Comegalletas en el camino hacia el parque, Archibaldo vio la enorme trompeta en el basurero de la tienda de música de Moe.

Beto suspiró incrédulo: "¡Archibaldo! ¿Vas a tocar *todos* esos instrumentos?"

Archibaldo se sonrojó sintiéndose importante. "Sí, mi mamá estará muy orgullosa cuando me vea en el festival. Seré el monstruo más musical."

Aurorita le dio a Archibaldo una pandereta que había apartado: "No voy a utilizarla, Archibaldo", dijo ella.

Los ojos de Archibaldo se abrieron con fascinación. "¡Qué bien! ¿Saben? ¡Hay aún *más* música allá y saldré a buscarla!"

Salió corriendo, tin, tin, tan, tan, y dando bocinazos por todo el camino.

Pero el festival estaba casi por empezar y Archibaldo había encontrado buena parte de la música que había por descubrir. Llevaba un banjo de su tío Salomón y las campanillas de viento de su mamá; también tenía la vieja armónica de Enrique, más el abollado timbre de bicicleta y las dos ruidosas tapas de botes de basura de Óscar.

¡Eso no era todo! Archibaldo había pedido prestada la corneta de Ruthie, y ahora también llevaba la pandereta de Aurorita y una fantástica tuba.

¿Qué más faltaba?

En ese momento, una chirriante y aguda canción llegó flotando hasta su oído. *Cuik cuik.*

Archibaldo siguió el chillido hasta el apartamento de Beto y Enrique. Beto regresaba del parque y se sorprendió al ver a Archibaldo de nuevo, especialmente cuando el monstruo azul pasó sin detenerse junto a él.

"¿A dónde vas?", gritó Beto. "¡Archibaldo!"

Pero Archibaldo ya le estaba preguntando a Enrique si podía prestarle una cosa más. Era amarilla y, por el momento, rechinaba de limpia.

"Por supuesto, Archibaldo", dijo Enrique. "¡Pero sólo si puedo ir yo también! Llevaré mis burbujas."

"Ay, Enrique", suspiró Beto.

La música llenaba la calle cuando Archibaldo salió por la puerta del número 123 de Plaza Sésamo.

"¡Ese es el ruido de un festival que me espera a MÍ!", gritó Archibaldo.

Insertó su último objeto musical, el patito de hule, dentro de la tuba y luego empezó a rasguear, chillar, zumbar, tararear y tocar la trompeta al mismo tiempo que marchaba.

Por todas partes, la gente salía a ver qué causaba semejante alboroto.

Había globos volando, bocinas sonando, pájaros cantando e incluso Enrique estaba inflando burbujas.

Pero lo que hacía que todos rieran, se reunieran y disfrutaran el festival eran los sonidos de Archibaldo.

"Elmo piensa que es la mejor música", le dijo Elmo a Óscar. Por esta vez, Óscar estuvo de acuerdo.

El repique, matraqueo y campaneo de todos esos instrumentos era música para los oídos de Óscar.

"Es un excelente hombre orquesta", dijo Óscar.

Elmo reía y le aplaudía a su amigo. "¡No, Archibaldo es un *monstruo* orquesta... y también es adorable!"

El cumpleaños de Abelardo

Escrito por Caleb Burroughs
Ilustrado por Bob Berry

Ese día era el cumpleaños de Abelardo. ¿Qué tipo de fiesta le harían sus amigos? ¿Qué regalos recibiría?

"¡Sorpresa!", gritaron sus amigos. Habían planeado una fiesta sorpresa de cumpleaños. ¡Qué divertido!

"¡Feliz cumpleaños, Abelardo!", dijo Pancho. "Te vamos a hacer una fiesta de patinaje."

"¡Feliz cumpleaños, Abelardo!", dijo Archibaldo. "Tengo unos globos muy bonitos para la fiesta."

"¡Feliz cumpleaños, Abelardo!", dijo Lola. "Y hasta te trajimos un regalo."

Abelardo estaba ansioso por ver qué era su regalo.

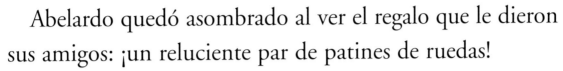

Abelardo quedó asombrado al ver el regalo que le dieron sus amigos: ¡un reluciente par de patines de ruedas!

"¡Ohhh!", dijo Abelardo. "¡Patines de ruedas! ¡Es lo que siempre había deseado!"

"Ven, Abelardo", dijo Lola. "Vamos a patinar todos en la pista." Abelardo se puso sus patines nuevos y siguió a sus amigos al liso óvalo de la pista de patinaje.

"¡Adelante!", gritó Pancho. Y los amigos de Abelardo patinaron dando vueltas y vueltas. Lola patinaba con las manos en la espalda. Pancho patinaba en un solo pie.

Los amigos de Abelardo eran muy buenos patinadores, y él estaba deseoso de patinar con ellos.

Pero en cuanto Abelardo comenzó a patinar, ¡se dio cuenta de que no sabía hacerlo! Con un *PUM* y un *PAS*, resbaló y cayó al suelo.

"¡Auch!", dijo Abelardo, mientras sus amigos patinaban a su alrededor. "Esto no es divertido. No sé patinar."

"No te preocupes, Abelardo", dijo Pancho. "Patinar es muy fácil."

Pero no era nada fácil para el pobre Abelardo. Trató de levantarse, y de inmediato volvió a caer. "Nunca podré patinar como tú, Pancho", dijo.

"Vamos, Abelardo", dijo alegremente Lola. "Lola sabe que puedes patinar. Simplemente haz lo mismo que Lola está haciendo."

Abelardo volvió a intentarlo pero, *PUUM*, volvió a caer al suelo.

"Nunca podré patinar como ustedes", dijo Abelardo. "Es demasiado difícil. Creo que esta es la peor fiesta de cumpleaños de mi vida."

Mientras Abelardo permanecía tristemente sentado en el suelo, otro amigo se acercó patinando hasta él. Era Archibaldo. "Lo que necesitas es una lección de patinaje", le dijo, tomándolo de la mano.

"¿Una lección?", preguntó Abelardo mientras intentaba ponerse de pie. "¿Qué es eso?"

"Es cuando alguien te enseña cómo hacer algo", contestó Archibaldo. "Te daré una lección de patinaje para enseñarte cómo patinar."

"Lola también ayudará", dijo Lola, mientras patinaba hacia sus dos amigos.

Con un ¡UPA!, Lola y Archibaldo levantaron del suelo a su emplumado amigo verde. ¡La lección de patinaje iba a comenzar!

"Primero, debes lograr el equilibrio", dijo Lola. "Asegúrate de que tus pies estén bien firmes antes de intentar moverte." Y sostuvo la mano de Abelardo hasta que él se equilibró y sus pies estuvieron bien quietos.

Archibaldo tomó la otra mano de Abelardo. Lola y
Archibaldo empezaron a patinar, sosteniendo a su amigo
entre ellos. "Sólo coloca un pie frente al otro", dijo
Archibaldo. "¡Tú puedes!"

"¡Lo estoy haciendo!", dijo Abelardo. "¡Estoy
patinando!" Y tenía razón: ¡estaba patinando!

Abelardo patinó por toda la pista sin caerse ni una sola vez. Sus amigos lo aclamaron y le aplaudieron. Estaban muy orgullosos.

"¡Así se hace, Abelardo!", gritaba Archibaldo.

"¡Lola sabía que podías hacerlo!", exclamaba Lola.

"¡Qué bien lo haces!", dijo Pancho. "Te dije que patinar era muy fácil."

Abelardo patinaba a toda velocidad dando vueltas por la pista. Al poco rato, ya hacía suertes como sus amigos. Patinaba con las manos en la espalda, patinaba en una pierna y hasta patinaba hacia atrás.

En ese momento, el DJ que estaba poniendo alegre música para patinar, detuvo la canción y le habló a la multitud. "Tenemos aquí un patinador muy especial: un pájaro patinador que hoy cumple años", dijo. "¡Vamos a cantarle todos 'Feliz cumpleaños' a Abelardo!"

La multitud comenzó a cantar: "¡Feliz cumpleaños, Abelardo!" Y lo aclamaron mientras patinaba con la música.

El cumpleaños de Abelardo

"Gracias por el mejor cumpleaños de mi vida", les dijo
Abelardo a sus amigos. "Gracias por la fiesta sorpresa,
gracias por los patines de ruedas y gracias por enseñarme
a patinar. Pero, sobre todo, ¡gracias por ser los mejores
amigos que un pájaro puede tener!"

Una canción pegajosa

Escrito por Elizabeth Clasing y Brooke Zimmerman
Ilustrado por DiCicco Studios

El sol se había puesto en Plaza Sésamo, y las estrellas empezaban a brillar. Era hora de que los niños, niñas y monstruos buenos se fueran a la cama.

Elmo ya estaba acurrucado en su cama, arropado y calentito.

"¿Te lavaste los dientes, Elmo?", le preguntó su papi, mientras le daba el beso de las buenas noches.

Elmo asintió, soñoliento. Y mientras su mami le cantaba una canción de cuna, sus ojos se cerraron lentamente.

Al principio, sonaba como una canción de cuna que Elmo sabía de memoria, pero más tarde se dio cuenta de que era una canción especial.

Esa noche, Mami cantaba una canción hecha con palabras sólo para él.

"Buenas noches, mi amor,
la luna está en el cielo.
Sueña ya, dormilón,
en tu camita, Elmo.
Tienes que descansar,
tus ojitos cerrar.
Duerme ya, corazón,
eres todo mi amor."

Una canción pegajosa

A la mañana siguiente, Elmo despertó tarareando la misma melodía. Mientras se lavaba la cara, cantaba: "Buenas noches, mi amor." Mientras comía su avena, cantaba: "Sueña ya, dormilón." Y cuando bajaba los escalones del número 123 de Plaza Sésamo, le dio una serenata a Óscar: "¡Eres todo mi amor!"

"Uuf", gruñó Óscar, azotando su tapa.

Elmo suspiró, le encantaba la canción de cuna de su mami, pero los suaves sonidos de la noche no parecían adecuados bajo el brillo de sol del día.

Y entonces Elmo vio a Enrique y a Beto dando un paseo con la paloma de Beto, Berenice.

"¡Ey!", gritó Elmo. "¡Oye, Enrique! ¡Oye, Beto! ¡Oye, paloma! Elmo quiere preguntarles algo."

"Caramba, Elmo", dijo Enrique. "Suena como algo importante."

"Oh, lo es", dijo Elmo. "Es muy importante. Elmo quiere que le digan cómo sacarse una canción de cuna de los oídos."

"¿Traes algo en tus oídos?", dijo Beto. "Me parece que están bien. Un momento, ¿dijiste *canción de cuna?*"

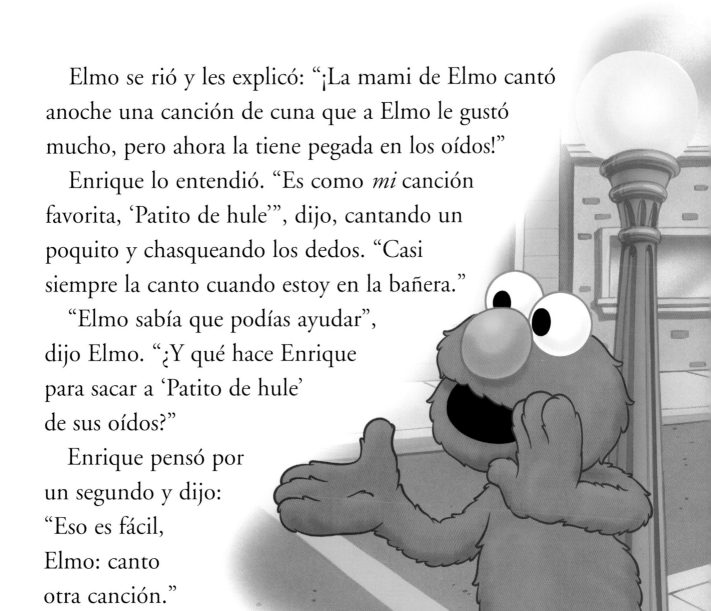

Elmo se rió y les explicó: "¡La mami de Elmo cantó anoche una canción de cuna que a Elmo le gustó mucho, pero ahora la tiene pegada en los oídos!"

Enrique lo entendió. "Es como *mi* canción favorita, 'Patito de hule'", dijo, cantando un poquito y chasqueando los dedos. "Casi siempre la canto cuando estoy en la bañera."

"Elmo sabía que podías ayudar", dijo Elmo. "¿Y qué hace Enrique para sacar a 'Patito de hule' de sus oídos?"

Enrique pensó por un segundo y dijo: "Eso es fácil, Elmo: canto otra canción."

"¿Sabes, Enrique? Eso puede funcionar", dijo Beto.

"¿Pero qué debe cantar Elmo en lugar de su canción?", preguntó Elmo.

"La canción favorita de Berenice es 'Los pollitos', ¿qué te parece ésa?", le sugirió Beto.

Elmo sonrió feliz. "¡Elmo la conoce!" Y comenzó a cantar: "Los pollitos dicen: pío…", y luego dejó de cantar. "¡Elmo tiene una idea! Elmo inventará nuevas palabras, como lo hizo Mami."

Elmo volvió a empezar y su canción era tan buena, que Enrique y Beto le pidieron que la cantara una y otra vez. Al final, todos cantaron juntos. ¡También tú puedes cantarla!

Una cancioncita de muy suave ritmo,
la tenía Elmo pegada al oído.
Dondequiera que iba, siempre oía lo mismo:
la canción de cuna pegada a su oído.

Di buenas noches, Enrique

Escrito por Guy Davis
Ilustrado por DiCicco Studios

¡RIIIING!

"Enrique, apaga ese despertador", dijo Beto. "¡Es hora de dormir, no de despertarse!"

"¡Puse el despertador para no olvidar lavarme los dientes, Beto!", dijo Enrique, apagando la ruidosa alarma. "No querrás que me olvide de cepillarme los dientes, ¿verdad, Beto?"

"No, Enrique, no querría que olvidaras cepillarte los dientes", contestó Beto. "Ahora duerme un poco."

"Está bien, Beto", dijo Enrique después de cepillarse los dientes. "Es hora de ir a la camita. Y lo último que quiero hacer es molestar a mi amigo Beto."

128

Unos minutos más tarde, Beto dormía pacíficamente.
¡RIIIIING!

"¡Enrique, deja de despertarme!", dijo Beto. "¡Es la alarma más ruidosa que jamás haya escuchado!"

"¡Beto, puse el despertador para no olvidar darle su beso de las buenas noches a mi patito de hule!", dijo Enrique, apagando la alarma. "No querrás que olvide darle el beso de las buenas noches a mi patito de hule, ¿verdad, Beto?"

"No, Enrique, no querría que olvidaras darle el beso de las buenas noches a tu patito de hule", contestó Beto, un poco malhumorado. "Ahora duerme."

"Por supuesto, Beto", dijo Enrique. "Lo último que quiero hacer es molestar a mi amigo Beto."

"*Jarrumf*", dijo Beto. Minutos más tarde, Beto dormía tranquilamente.

¡RIIIIING!

"¡Enriqueeee!", gritó Beto. "¿Y ahora qué otra cosa puede ser?"

"¡Puse el despertador para no olvidar quitarme las pantuflas, Beto!", dijo Enrique, apagando la alarma. "No querrás que olvide quitarme las pantuflas, ¿verdad, Beto?"

"No, Enrique, no querría que olvidaras quitarte las pantuflas", contestó Beto, un poco más malhumorado. "¡Ahora duérmete!"

"No hay problema", dijo Enrique. "Lo último que quiero hacer es molestar a mi amigo Beto."

Beto refunfuñó algo. Minutos más tarde, Beto dormía profundamente.

¡RIIIIING!

"¡ENRIQUE!", gritó Beto. "¿Qué más necesitas hacer antes de dormir?"

"¡Puse el despertador para no olvidar poner mi vaso de agua junto a la cama, Beto!", dijo Enrique. "No querrás que olvide poner mi vaso de agua junto a la cama, ¿verdad, Beto?"

"No, Enrique, no querría que olvidaras poner tu vaso de agua junto a la cama", contestó Beto, *mucho más* malhumorado. Esto se estaba volviendo demasiado para él. "Ahora duerme un poco."

¡RIIIIING!

Di buenas noches, Enrique

"Enrique, ¿para qué pregunto?", gruñó Beto.

"¡Beto, puse el despertador para no olvidar leer mi cuento para dormir, para poder dormir!", dijo Enrique, apagando la alarma. "No querrás que olvide leer mi cuento para dormir, ¿verdad, Beto?"

"No, Enrique, no querría que olvidaras leer tu cuento para dormir", contestó Beto, mirando fijamente al techo. "¿Ahora podemos dormir algo, por favor?"

"Sí, Beto", dijo Enrique. "Lo último que quiero hacer es molestar a mi amigo Beto."

Beto enterró la cabeza en la almohada y pocos minutos después, roncaba suavemente.

¡RIIIIING!

"Enrique", dijo Beto débilmente, "esto es ridículo. ¿Por qué está sonando tu despertador otra vez?"

"Creo que podrías adivinar, Beto", dijo Enrique.

"NO, Enrique, no creo que pueda adivinar", respondió Beto.

"Oh, claro que sí, Beto", dijo Enrique. "Vamos, adivina, Beto."

Beto miró furioso a Enrique.

"Vamos, Beto", dijo Enrique. "Adivina."

"¡Basta!", gritó Beto. "Para en este momento y dime por qué pusiste el despertador."

"Disculpa,
Beto, sabes que no
quiero molestarte", dijo
Enrique, apagando la alarma.
"¡Puse la alarma para no olvidar
darte las buenas noches! Así que...
¡buenas noches, Beto!"

Beto le sonrió a su olvidadizo amigo. "Buenas noches,
Enrique", dijo. "¡Que duermas bien!"

Embrollo de burbujas

Escrito por Elizabeth Clasing
Ilustrado por Maggie Swanson y DiCicco Studios

La noche caía cuando Big Bird arropó a su osito de peluche y le dijo: "Apuesto que te gustaría escuchar un cuento para dormir, Radar."

Big Bird bajó un libro de su repisa. Era el mismo libro de cuentos que Luis acostumbraba leerle a Big Bird cada noche cuando era un pájaro más pequeño.

Era uno de sus cuentos favoritos porque se trataba de sus amigos, y se lo sabía de memoria. "Aquí vamos", dijo Big Bird...

"¿Qué está pasando aquí?", le preguntó Beto a Elmo cuando el pequeño monstruo rojo pasó por ahí. Beto parpadeó. Elmo no caminaba por ahí, estaba *flotando*.

"¡Yupiii!", gritó Elmo alegremente al pasar.

Beto lo siguió. "¿Quién está haciendo todas estas burbujas?", le preguntó a Elmo.

"Nadie sabe", contestó él.

Beto buscó entre todo ese embrollo. "Bueno, lo voy a averiguar", anunció.

La burbuja de Elmo explotó y Elmo cayó en la acera junto a Beto. "¡Elmo ayudará!", dijo Elmo.

Juntos, los amigos siguieron el arroyo de burbujas hasta el restaurante de Archibaldo. "Tal vez vienen de allá", le dijo Elmo a Beto, y fueron de inmediato al interior.

Todo en el restaurante estaba súper resbaloso, había espuma en la ensalada y jabón en la sopa.

"¡Viene un sándwich a la boloñesa!", gritó Archibaldo. "Mmm... que sea un sándwich burbujeante a la boloñesa."

Elmo se acercó al chef Lucas Comegalletas para preguntarle si las burbujas venían de su cocina.

"No-o", dijo Lucas Comegalletas, agitando la cabeza. "¡Sin burbujas en la cocina, sólo GALLEEEEETAS!"

Elmo regresó para decirle a Beto que ahí no estaba la respuesta, pero Beto había pensado en algo.

"Tengo una idea, Elmo", dijo. "Sígueme."

Ninguno de ellos se dio cuenta de que una ola de burbujas arrastraba a Archibaldo fuera del restaurante tras ellos.

Elmo siguió a Beto. Subieron las escaleras del número 123 de Plaza Sésamo y entraron al apartamento de Beto y Enrique. Elmo rió alegremente cuando miró el interior, ¡estaba casi lleno de burbujas! Pero Beto intentó salvar su colección de sujetapapeles.

Elmo saltó rápidamente sobre un juguete inflable y cabalgó en él por el mar de jabón.

"¡Archibaldo!, ¿qué estás haciendo aquí?", preguntó Elmo cuando una ola de burbujas hizo entrar a su amigo. "Parece que no hay más juguetes inflables."

"No hay problema", dijo Archibaldo. "Si no puedes acabar con ellas, únete a ellas." Y comenzó a jugar a la cacería de burbujas con un pequeño pez rosa.

"¡Oye!, regresa a tu pecera, Scadoo", le gritó Beto a su mascota, pero Scadoo parecía feliz saltando entre el jabón.

"Aaarg", rezongó Beto, y después entró furioso al baño.

"Hola, Beto", dijo Enrique, apretando a su patito de hule para que chillara también un hola.

"¡Enrique! Debí haber sabido que tú estabas detrás de este embrollo de burbujas", dijo Beto, mirando la marea de burbujas que salía meciéndose por la ventana. ¡Por eso Plaza Sésamo estaba cubierta de espuma!

"Creo que *dejé* correr el agua un poco", dijo Enrique, soplando una burbuja de su nariz. "Pero me llevó mucho tiempo encontrar a mi patito de hule. Tú sabes que no puedo bañarme sin él."

"Ay, *Enrique*", empezó Beto, frunciendo el ceño. Pero luego su boca empezó a curvarse en una sonrisa.

No había nada que le gustara más a Beto que poner orden, y repentinamente se dio cuenta de que iba a ser un GRAN trabajo de limpieza.

"¿Dónde está mi trapeador?", rezongó. "Definitivamente voy a necesitar un trapeador, o quizá dos."

¡Al final, Beto necesitó tres, pero Plaza Sésamo jamás había quedado tan limpia!

La moneda de Zoe

Escrito por Elizabeth Clasing
Ilustrado por DiCicco Studios

Había algo muy brillante en la acera, justo frente al 123 de Plaza Sésamo.

"Mira, Elmo", dijo Zoe, precipitándose para recogerlo. "¡Una moneda!"

Elmo le dijo a su amiga que encontrar una moneda como ésa era de buena suerte.

"¡Oh! Aquí la tienes", dijo Zoe, ofreciéndosela a Elmo. La moneda deslumbraba como un solecito en su mano.

Pero Elmo sacudió la cabeza. "¡Quien la encuentra la conserva! Elmo piensa que Zoe debe quedarse con ella."

Elmo siguió a Zoe a su casa para ver que ella guardara la brillante moneda en su alcancía. La alcancía de Zoe era un cerdito regordete con una enorme sonrisa. A Zoe le encantaba poner monedas dentro.

De vez en cuando, la mamá de Zoe le daba las monedas que le sobraban de la compra de comestibles y, a veces, Zoe encontraba monedas perdidas entre los cojines del sofá. Y cuando tenía mucha suerte, encontraba algunas en lugares inesperados, como el día de hoy.

Zoe sacó su alcancía e intentó dejar caer la moneda dentro, pero esta vez, la moneda se negaba a entrar.

"¡Estoy lleno!", dijo el cerdito. ¡Pero no era el cerdito quien hablaba… era Elmo!

"¡No bromees!", rió Zoe, pero Elmo tenía razón: su cerdito estaba atiborrado hasta el tope.

"¡Guau! Zoe podría tener lo que quisiera con tantas monedas", dijo Elmo, y se despidió.

Zoe agitó la alcancía para sacar algunas monedas y comenzó a contar, pero después de contar hasta once, Zoe no estaba segura de qué número seguía. ¿Once y dos?

Zoe necesitaba un poco de ayuda. Guardó sus monedas y fue a buscar a cierto amigo. Y al poco rato lo encontró.

"¡...28...29...30...31...32!", contaba el Conde. "Treinta y dos pasos desde la esquina. ¡Fantástico, fantástico! ¡Ah jaaa!"

Zoe cubrió sus oídos porque un trueno en lo alto hizo *BUUUM*. Eso siempre ocurría cuando el Conde contaba algo.

Naturalmente, el Conde estaba feliz de ayudar a Zoe a seguir contando después del once:

"...12...13...14...", dijo el Conde. "Y ahora, ¿sabes qué sigue?"

Zoe pensó intensamente. "¡Quince!" Juntos contaron cada moneda.

"¡...98...99...100 centavos!", gritó Zoe.

Le agradeció al Conde y corrió a la tienda de Hooper con sus monedas.

Zoe sabía exactamente lo que quería: un precioso brazalete que costaba exactamente 100 centavos. Y cuando estaba a punto de entregar sus cien monedas, descubrió algo más.

"¿Cuántos centavos cuesta *eso?*", preguntó Zoe, señalando un sonajero con rayas de colores brillantes que hacía un ruido *rasss-rasss* fantástico. Zoe sabía a quién le gustaría *mucho*… ¡a la bebé Natasha, su vecina! ¡Era muy linda y cariñosa, y le encantaba agitar cosas!

Pero Zoe necesitaría 100 centavos para el sonajero y 100 centavos para el brazalete.

"Oh, oh, ¿qué debo hacer?", se preguntaba Zoe. Deseaba que Elmo estuviera ahí para ayudarla a decidirse.

Zoe pensó cuánto le gustaba usar brazaletes bonitos y después pensó en la alegre risita de Natasha.

Después de pensar en esas *dos* cosas, Zoe se dirigió al monstruo vendedor, Telly.

"¡Ya lo decidí!", dijo Zoe con una enorme sonrisa, entregándole sus cien monedas.

Más tarde, Zoe llamó a una puerta de su edificio. El papá de Natasha, Humphrey, le abrió.

"Tengo un regalo para Natasha", dijo Zoe, entregándole una bolsa de la tienda de Hooper.

"*¡Guugaa gubaguba bii!*", balbuceó Natasha emocionada cuando vio lo que había dentro. ¡Era un sonajero con rayas de colores!

Zoe se sintió muy contenta al ver a Natasha agitando su regalo y jugando con él.

La moneda de Zoe

"Me alegra que nos visitaras, Zoe", dijo Humphrey, sacando algo del bolsillo de su abrigo. "Vi esto hoy y lo compré para regalártelo. Tú siempre eres muy amable con nuestra pequeña Natasha."

En la mano de Humphrey estaba el brazalete de la tienda de Hooper.

"¡Oh!", fue todo lo que Zoe pudo pensar, y luego dijo: "¡Muchas, pero muuuuchas gracias!"

Zoe abrazó a Humphrey y suavemente abrazó a Natasha también. Todos sonreían, pero sobre todo Zoe, cuando exclamó: "¡Qué día más afortunado!"

¿Qué ves, Elmo?

Escrito por Elizabeth Clasing
Ilustrado por DiCicco Studios

En los días lluviosos, a Elmo le gustaba jugar en los charcos. Lo que más le gustaba era saltar en ellos con los dos pies para hacer un gran *¡PLASSS!*

Pero algunos días de lluvia eran demasiado empapados para salir de casa.

En días así, la mami de Elmo lo dejaba hurgar en los estantes del sótano de su edificio de apartamentos. Los estantes estaban llenos de cosas que la gente –y los monstruos– abandonaban cuando se mudaban o limpiaban la casa.

Hoy, después de jugar con una pequeña tuba por un rato e intentar hacer que un carrusel oxidado y ruidoso girara, Elmo notó algo nuevo.

"Elmo no recuerda haber visto *eso* antes", dijo Elmo,
emocionado.

Se estiró para alcanzar algo que estaba al lado de una
botella que contenía un barco.

"Elmo nunca había visto algo así", se dijo, "pero había
escuchado sobre eso antes. Es una bola de cristal, ¡como
las de los cuentos de hadas!"

Elmo pensó que quizá podría ver algo mágico dentro de la bola de cristal. Miró fijamente a través del polvo que la cubría y, ciertamente, pareció ver una borrosa imagen de él mismo.

¿Qué ves, Elmo?

Elmo no estaba seguro si la imagen estaba en su cabeza o en la bola de cristal, pero eso no le importaba, era una imagen maravillosa: ¡Elmo estaba en un escenario! ¡Elmo era una *estrella!*

"Miren toda esa gente", dijo Elmo, boquiabierto. "¡Todos quieren escuchar la música que toca Elmo!"

Elmo podía oír el *bum, bum* de los tambores de su banda, que tocaba "Witzi Witzi araña". Fue un concierto fantástico y al final todos aplaudieron.

"¡Gracias! ¡Gracias!", gritaba Elmo, haciendo reverencias. Después se rió de él mismo, porque no estaba en el escenario dando un concierto, ¡estaba en el sótano!

"Eso fue divertido", dijo. "Elmo quiere hacerlo otra vez." Limpió el polvo de otra parte de la bola de cristal y miró.

Elmo vio un remolino de nubes que llenaba la bola. Cuando se despejaron, Elmo pudo ver algo, pero esta vez la imagen era diferente.

"Oooooh, miren", susurró Elmo. "Elmo es más grande que un elefante… ¡o que diez elefantes!"

Elmo se imaginó cómo sería si fuera más grande que Big Bird, que era el amigo más grande que tenía Elmo en el mundo entero.

Luego se preguntó si quizá no era que Elmo fuera *grande*… sino que Big Bird se había hecho *pequeño*.

"Elmo cuidaría bien del diminuto Big Bird", dijo Elmo. "Lo llevaría dentro de una flor por Plaza Sésamo y le preguntaría a Zoe si Big Bird podría vivir dentro de su casa de muñecas."

A Elmo le dio risa la idea de llevar a Big Bird en su camión de juguete a dar una vuelta, o de que bajara como paracaidista las escaleras, usando un pañuelo.

"Elmo ya no podría llamar a su amigo *Big* Bird", dijo Elmo. Pensó un minuto. "¡En cambio, Elmo podría llamarlo Diminuto Bird!"

¿Qué ves, Elmo?

Elmo miró otra vez en la bola de cristal, pero el Diminuto Bird se había ido. En cambio, al despejarse de nuevo las nubes vio algo más.

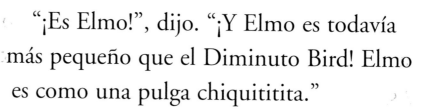

"¡Es Elmo!", dijo. "¡Y Elmo es todavía más pequeño que el Diminuto Bird! Elmo es como una pulga chiquititita."

En efecto, estaba en un circo de pulgas dentro de la bola de cristal.

"Elmo siempre quiso estar en un circo", dijo Elmo soñadoramente. "¡Elmo encabezará el desfile del circo!"

Las pulgas harían un espectáculo para todos los amigos de Elmo en Plaza Sésamo. Cada noche, al final del circo, Elmo y las pulgas montarían en un carrusel de juguete y darían vueltas y vueltas.

Elmo parpadeó, ya no había una imagen de un circo de pulgas dentro de la bola de cristal, sólo el reflejo del carrusel de la repisa de arriba.

"¡Oh, Elmoooo!", escuchó que su mami lo llamaba. "La lluvia paró y ya salió el sol. ¿Quieres ir afuera a jugar?"

"¡Sí!", gritó Elmo. Volvió a colocar la bola de cristal en la repisa y dijo: "Elmo regresará el próximo día lluvioso y quién sabe qué verá entonces."

¿Tú SABES?

FIN